Heike Heese Aug '07

Sybille Rogaczewski-Nogai

DEKO-IDEEN

für Balkon & Garten

CHRISTOPHORUS

Sybille Rogaczewski-Nogai ist Lehrerin für Kunst und textiles Gestalten und erfolgreiche Kreativ-Autorin. Sie hat Bücher zu den unterschiedlichsten Themenbereichen veröffentlicht: Gestalten mit Papier und Window Color, Porzellanmalerei, Kerzen verzieren.

VORWORT

Attraktive Deko-Ideen

Sommer – das klingt nach Sonne pur, angenehmen Temperaturen und Erfrischungen, nach Ferien, Frühstück im Freien und Gartenfest. Viele Menschen genießen ihre freie Zeit auf dem Balkon und im Garten und haben Spaß daran, sich diese Orte als gemütliche Oasen einzurichten. Zum Beispiel mit originell dekorierten Blumen-Übertöpfen, lustigen Pflanzen-Steckern oder filigranen Windspielen, die im leisen Sommerwind die Träume einfangen. An lauen Sommerabenden verbreiten Tischlichter und Lampions eine zauberhafte Stimmung. Für eine fröhliche Sommerparty sehen farbige, frische Tischdekorationen und bunte Lichterketten besonders schön aus. Sei es als Geschenk oder zur Verschönerung der eigenen Umgebung, diese attraktiven Deko-Ideen kommen bestimmt gut an!

Viel Spaß beim Gestalten und Dekorieren und einen wunderschönen Sommer im Freien wünscht Ihnen ganz herzlich

Sybille Rogaczewski-Nogai

MATERIAL & TECHNIK

Deko-Material

Als Ausgangsmaterial dienen einfache Trink- oder Weingläser, Glasvasen, Terracotta-Töpfe, galvanisierte Töpfe und Eimer, Plastikkugeln, Papierlampions, Konservendosen, Einmachgläser, Windradfolie und Bastelkarton. Zum Dekorieren von Lichtern, Vasen, Pflanzensteckern, Blumentöpfen und Windspielen können die unterschiedlichsten Materialien verwendet werden: Perlen, Holzstreuteile, Metallteile, Draht, Pompons, Seidenblumen, Mosaiksteine, Wäscheklammern, Bastelhölzer, verschiedene Papiere, Filz, Bast, Folie, Deko-Bänder oder Strasssteine.

Deko-Material befestigen

Bei allen Klebetechniken ist es wichtig, dass die zu klebenden Teile staub- und fettfrei sind. Am besten vor dem Kleben mit Spiritus oder Fensterreiniger abwischen, wenn es das Material erlaubt. Zum Befestigen der meisten Materialien eignet sich Heißkleber am besten, weil er schnell abkühlt und auch schwere Gegenstände sicher hält. Auch Alleskleber mit Lösungsmittel, z. B. UHU Alleskleber Kraft, ist zu empfehlen, dabei die geklebten Teile aufgrund der längeren Trockenzeit bis zum Erhärten mit Wäscheklammern fixieren. Zum Kleben von dünnen oder kleinen Teilen Sekundenkleber benutzen, am besten in winzigen Punkten auftragen. Bei Styropor einen speziellen Kleber verwenden, z. B UHU por.

Motive aus Window Color

1 Die Vorlage unter der Folie am besten mit zwei Klebestreifen festkleben, damit sie nicht verrutschen kann. Nur von Folien aus PE oder PP, z. B. Prospekthüllen, lassen sich die fertigen Motive gut ablösen. Auf Windradfolie gemalte Motive haften auf der Folie und werden an den Umrissen entlang ausgeschnitten. Die Konturenfarbe direkt aus der Flasche auftragen und etwa 6 Stunden trocknen lassen.

2 Die Felder deckend und gleichmäßig mit spiralförmigen Bewegungen der Malspitze ausmalen. Es dürfen keine Lücken zwischen Kontur und Farbe entstehen. Bei schwierigen Formen und kleinen Feldern in die Mitte einen Farbtupfer setzen und mit einer Prickelnadel die Farbe zum Rand hin verteilen.

Servietten-Technik

Der trockene und fettfreie Untergrund sollte von heller Farbe sein. Soll er grundiert werden, eignet sich am besten matte Acrylfarbe im Grundfarbton der Serviette. Das Serviettenmotiv ausschneiden oder auszupfen, nur die obere, farbige Schicht der Serviette verwenden. Mit einem flachen Borstenpinsel eine dünne Schicht Serviettenkleber in der Größe des Motivs auf den Untergrund streichen. Das Serviettenstück auflegen und mit dem Pinsel glatt streichen. Dann nochmals mit dem Pinsel Serviettenkleber über das Motiv streichen.

Dekorieren mit Draht

Weicher Aluminiumdraht (2 oder 3 mm Ø) ist am einfachsten zu bearbeiten, da er mit den Fingern gebogen werden kann und trotzdem stabil genug ist für Dekorationen. Es gibt ihn in verschiedenen Farben. Auch dünnen Edelstahldraht (0,4 mm Ø) und Schmuckdraht (0,5 mm Ø) gibt es in verschiedenen Farben. Er eignet sich gut zum Umwickeln und zum Verbinden von verschiedenen Alu-Drahtteilen. Außerdem gibt es Bouillon- und anderen Effektdraht sowie Drahtgirlanden mit Glasperlen und -steinen, die sich gut zum Umwickeln verschiedener Gegenstände eignen und damit eine einfache und wirkungsvolle Dekoration darstellen. Durch das Auffädeln und Festdrehen von Perlen und Pailletten auf dünnen Draht können solche Girlanden auch einfach selbst hergestellt werden. Hierfür eine Perle auffädeln und den Draht unterhalb der Perle verdrehen, dann verrutscht die Perle nicht.

Draht-Spiralen biegen

Die erste ganz enge Windung für eine flache Spirale mit einer Rundzange biegen. Dazu das Drahtende mit den Zangenspitzen festhalten und die Zange bzw. auch den Draht um die Zange drehen. Nach etwa eineinhalb Windungen die weiteren Windungen mit den Fingern formen. Die Windungen können dabei ganz eng beisammen liegen oder mit größerem Abstand voneinander. Spiralen immer von innen nach außen arbeiten. Plastische Spiralformen entstehen, wenn flache Spiralen auseinander gezogen werden.

Draht-Ornamente biegen

Mit Hilfe einer Draht-Steckplatte können aus glatten und Effekt-Drähten Ornamente gebogen werden (siehe Seite 26/27). Die Ornamente können aufgeklebt oder aufgehängt werden. Besonders schön sieht es aus, wenn die Draht-Ornamente mit Perlen verziert werden.

PFLANZENTÖPFE

MATERIAL

- Terracotta-Töpfe, 10,5 x 13 cm, 11,5 x 15,5 cm
- Serviette mit Blumenmotiv
- Serviettentechnik-Lack
- Pluster-Pen in Orange, Pink
- Flacher Borstenpinsel
- Blühende Pflanze

Schöne Blumen

1 Aus der Serviette je eine blaue Blume auf pinkfarbenem Grund und eine pinkfarbene Blume auf orangenem Grund quadratisch ausschneiden, ebenso zwei Randstreifen abschneiden und die oberste Schicht abnehmen.

2 Töpfe am oberen Rand innen und außen mit Lack bestreichen, Serviettenrand vorsichtig darumlegen und nochmals mit einer Schicht Lack glatt streichen.

3 Die Vorderseite des Topfes mit Lack bestreichen. Blume diagonal in der Mitte auflegen und mit Lack versiegeln.

4 Nach dem Trocknen Ränder mit Pluster-Pen auftupfen, dabei Punkte nebeneinander setzen.

MATERIAL

- *Weingläser, 18 cm hoch, 8 cm Ø*
- *Edelstahldraht, 0,4 mm Ø, 6 m*
- *Schmuckdraht, 0,5 mm Ø*
- *Facettenperlen in Blau- und Grüntönen*
- *Alufolie*
- *Bubiköpfe, Topfdurchmesser 8 cm*
- *Klebeband*
- *Alleskleber*

VORLAGE 1 *Seite 56*

Pflanzengläser

1 Pro Glas auf 3 m Edelstahldraht etwa 30 Facettenperlen auffädeln und im Abstand von 4 – 8 cm einzeln mit dem Draht verdrehen. Diesen Perlendraht um das Weinglas wickeln, an einigen Punkten mit Alleskleber festkleben, dabei bis zum Trocknen mit Klebestreifen fixieren.

2 Jedes Glas zur Hälfte mit Alufolie füllen. Den Topf des Bubikopfes ebenfalls mit Alufolie umwickeln.

3 Für die Blüten den Schmuckdraht um einen Stift, 1 cm Ø, wickeln und abziehen. Spiralen auseinander ziehen und kreisförmig biegen (Vorlage 1). Die beiden Enddrähte miteinander verdrehen. Stielende mit Klebestreifen umwickeln.

4 Pro Blüte 7 – 8 Facettenperlen mit Alleskleber zwischen die Drahtschlaufen der Blüte kleben. Nach dem Trocknen Blümchen in die Pflanze stecken.

MATERIAL

- *90 Glasperlen in verschiedenen Formen, Farben und Größen*
- *Bouilloneffektdraht*
- *Besteckkorb aus Metall*
- *Pflanze, z. B. eine kleine Palme*

Glasklunker

1 Draht, 90 cm lang, abschneiden und von innen durch eines der oberen Löcher des Korbes fädeln. 5 cm Draht innen stehen lassen. Perle auf den Draht bis zum Loch schieben, Draht durch das gleiche Loch zurückfädeln und den Draht an der Perle verdrehen.

2 Draht nun durch das danebenliegende Loch fädeln und wie oben verfahren, dann immer so weiter, bis sich Drahtanfang und -ende treffen, diese dann miteinander verdrehen. Auf diese Art drei Reihen schmücken, dabei jeweils eine Lochreihe auslassen.

3 Zum Schmücken der Pflanze zwei oder mehrere 1 m lange Drahtstücke mit Perlen im Abstand von 5 – 8 cm bestücken, dabei die Perlen mit dem Draht verdrehen, damit sie nicht verrutschen. Die Perlengirlande der Abbildung entsprechend um die Pflanze winden.

MATERIAL

- *Galvanisierter Eimer, 17 cm Ø*
- *Naturbast in Grün*
- *9 Schmetterlinge aus Holz & Metall*
- *Heißkleber*
- *Blühende Pflanze*

Schmetterlinge

1 Zwei Baststränge um den Eimer winden und verknoten. Mit Heißkleber fixieren.

2 Schmetterlinge mit Heißkleber auf dem Eimer befestigen.

Steine, Sand & Kerzen

Abbildung & Materialangaben Seite 16/17

1 Kerzen mit Wachsplättchen in die Gläser kleben.

2 Sand, Granulat oder Steine jeweils im gleichen Farbton in die Gläser füllen.

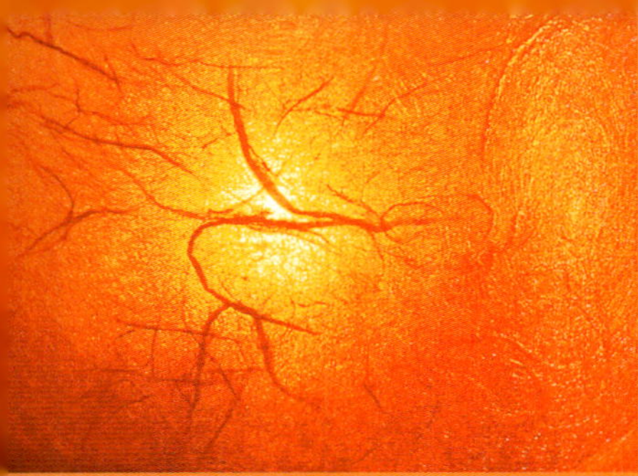

MATERIAL

- *Regenbogenstrohseide*
- *Glasbecher, breit*
- *Holzperlenmischung*
- *Serviettentechnik-Lack*
- *Nähseide*
- *Nähnadel*
- *Teelichter*

Regenbogen-Lichter

1 Für jedes Glas aus der Strohseide ein Rechteck ausschneiden (Breite: Glasumfang plus 1 cm, Höhe: Glashöhe plus 5,5 cm). Glas mit Serviettentechnik-Lack einpinseln.

2 Strohseide so um jedes Glas legen, dass oben 0,5 cm und unten 5 cm überstehen. Den unteren Rand ringsum einschneiden und auf den Glasboden kleben. Den oberen Rand um den Glasrand fixieren. Das ganze Glas nochmals mit Lack überziehen.

3 Einen 1,5 cm breiten Streifen Strohseide (Länge = Glasumfang) in der Farbe des oberen Randes abschneiden.

4 Mit einem doppelten Faden, der 2-mal so lang wie der Streifen sein soll, Holzperlen mit etwa 1 cm Abstand voneinander auf den Streifen nähen. Fadenanfang und -ende jeweils verknoten.

5 Den Perlenstreifen mit Lack an den Glasrand kleben und ebenfalls mit Lack versiegeln.

Steine, Sand & Kerzen

MATERIAL

- 10 verschiedene Weckgläser
- Deko-Steine, -Granulat und -Sand in Gelb, Orange, Bordeauxrot, Hellgrün, Hellblau, Blau
- Kerzen in verschiedenen Größen in Gelb, Orange, Bordeauxrot, Hellgrün, Hellblau, Blau
- Kerzenstecker in Orange, Hellgrün
- Wachsplättchen

ANLEITUNG *Seite 12*

MATERIAL

- *Teelichttüten:*
  - *5 x in Silber, 4 x 30 cm*
  - *5 x in Gold, 4 x 38 cm*
- *2 Spirella-Knäuel in Gold*
- *2 Spirella-Knäuel in Silber*
- *Engelshaar in Gold*
- *Selbsttrocknende Modelliermasse*
- *Glasvase mit Fuß, 16 cm Ø, 19 cm hoch*
- *Metall-Streuteile „Stern" in Gold, Silber*
- *10 Teelichter in Gold, Silber*
- *Heißkleber*

Deko-Gitter-Leuchter

1 Einen faustgroßen Klumpen Modelliermasse in die Vase legen, dabei einen Abstand von 1 cm zum Glas rundum halten.

2 Die Teelichttüten abwechselnd im Kreis in die Modelliermasse hineindrücken.

3 Zwischenräume mit auseinander gezogenen Spirella-Knäuel ausfüllen, obenauf Engelshaar drapieren.

4 Außen auf das Glas Metallsterne mit Heißkleber befestigen.

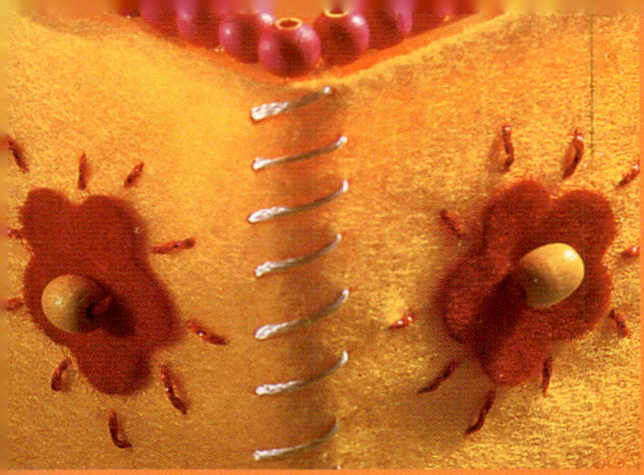

MATERIAL

- *Je 2 Glas-Würfel, 6 x 6 x 6 cm, 7 x 7 x 7 cm*
- *Filz in Gelb, Orange, Rosa, Rot, je 20 x 30 cm*
- *Holzperlen, verschiedene Formen in Gelb, Orange, Rosa, Rot*
- *Kordeln in Gelb-Rot-Tönen*
- *Stickgarn in Gelb, Orange, Rosa, Rot*
- *Kerzen in Gelb, Orange, Rosa, Rot, 6 bis 10 cm hoch*
- *Spitze Sticknadel*

VORLAGE 2 *Seite 57*

Filzlichter

1 Filz in Streifen, 6 x 25 cm und 7 x 29 cm, zuschneiden und 1 cm überlappend um das Glas kleben, dabei nicht auf dem Glas festkleben.

2 Die vier seitlichen Kanten mit einfachen Stichen umstechen. Filzmantel vom Glas abnehmen.

3 Nach der Vorlage 2 Motive aus andersfarbigem Filz 4-mal ausschneiden und auf jeder Seite des Glases in der Mitte aufkleben.

4 In die Mitte des Filzmotivs eine Holzperle aufnähen und mit demselben Faden rings um das Motiv Strahlen aufsticken.

5 Filzmantel wieder über das Glas stülpen und auf dem oberen Rand eine Kordel oder Perlen als Abschluss befestigen.

MATERIAL

- *Lampion-Flaschen aus Glas in Weiß, Lavendel*
- *Paillettenband in Lila, Silber, je 3 m*
- *Schmuckdraht in Lila, 0,5 cm Ø, 6 m*
- *Drahtgirlande mit weißen Herzen, ca. 2,5 m*
- *4 Glitzerpompons in Pink*
- *Draht-Steckplatte, 11 x 11 cm*
- *Heißkleber*

VORLAGE 3 *Seite 57*

Lampion-Flaschen

1 Paillettenbänder von oben beginnend in einer Spirale, Abstand 2 – 2,5 cm, jeweils um die Flaschen kleben.

2 Für die Flasche in Lavendel den lila Schmuckdraht auf der Draht-Steckplatte zum Band biegen (Vorlage 3) und zwischen der Paillettenband-Spirale um die Flasche legen. Dabei einzelne Punkte mit Heißkleber fixieren. Glitzerpompons an dem Ständer fixieren.

3 Für die weiße Flasche die Drahtgirlande genauso wie die Paillettenbandspirale befestigen. Anfang und Ende unter das Paillettenband stecken und festkleben.

Reispapier-Lampions

MATERIAL

- Lichterkette
  mit Reispapier-Lampions
- Bastelfarbe in Gelb, Orange, Hellrot, Rot, Pink, Violett
- Pluster-Pen in Glitzer-Gelb, Glitzer-Pink, Glitzer-Rot, Metallic-Pink, Metallic-Rot, Metallic-Lila
- Haarpinsel, Größe 12 oder dicker

ANLEITUNG Seite 26

MATERIAL

- *Verschiedene Brokatborten, 8 mm, 15 mm breit*
- *2 Teelichtständer*
- *2 Glaslampenschirme in Orange, Grün, 9,5 x 11 cm*
- *Plombendraht in Gold, 25 cm lang, 26 Stück*
- *12 Glas-Schliffperlen in Blau irisierend, 8 mm Ø*
- *7 Filigranperlen in Gold, 10 mm Ø*
- *6 Plexitropfen in Blau, 10 x 40 mm*
- *7 Facettensteine in Rot, 10 mm Ø, oval*
- *7 Facettentropfen in Rot, 12 x 15 mm*
- *Draht-Steckplatte, 11 x 11 cm*
- *Heißkleber*
- *Zange*

VORLAGE 4 *Seite 57*

Orientalische Lampen

1 Brokatborten der Abbildung entsprechend um die Lampenschirme kleben. Nach der Vorlage 4 mit dem Plombendraht auf der Steckplatte Formen winden, dafür die Glas-Schliffperlen bzw. die Facettentropfen vorher auf den Draht fädeln.

2 Draht-Ornamente, Perlen und Filigranperlen mit Heißkleber auf dem Lampenschirm befestigen. Drahtform mit rotem Tropfen jeweils in die Borte einhängen, blaue Tropfen je mit einem Reststück des Drahtes ebenfalls in die untere Borte einhängen.

Reispapier-Lampions

Abbildung & Materialangaben Seite 24/25

1 Lampions quer in Streifen mit stark verdünnter Bastelfarbe bemalen, Farbgrenzen mit dem feuchten Pinsel übermalen, so entstehen fließende Farbübergänge. Zum Trocknen aufhängen.

2 Mit Pluster-Pen Wellenlinien, Zacken, Kreise, Spiralen und Punkte aufmalen. Die Lampions sind nicht wetterfest und sollten deshalb nur an schönen Sommerabenden draußen leuchten.

Ornamente in Blau & Rosé

MATERIAL

- *Gläser in Blau- bzw. Rosé-Tönen, 10 bzw. 16 cm hoch*
- *Kerzen in Rosa, Lila, Blau, 4 x 4 cm, 4 x 6 cm*

WINDOW COLOR

Konturen

- *Flitter-Silber*
- *Flitter-Gold*

Farben

- *Rosé*
- *Fuchsia*
- *Holunder*
- *Blauviolett*
- *Ocean*
- *Saphir*
- *Himmelblau*
- *Orientblau*
- *Samtblau*

VORLAGE 5 *Seite 56*

ANLEITUNG *Seite 30*

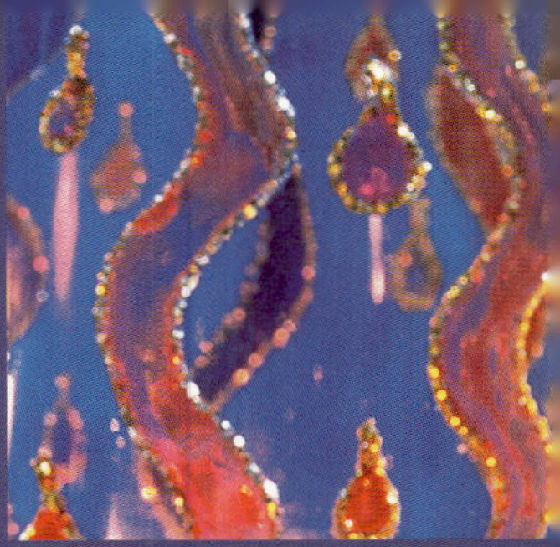

MATERIAL

- Mini-Lichterkette mit 20 Lämpchen für außen
- Servietten mit Zitronenmotiv (40 Zitronen), jedes Motiv ca. 7 cm lang
- 2 Windradfolien, DIN A3
- Serviettentechnik-Lack

VORLAGE 6 Seite 58

Zitronen-Lichterkette

1 Oberste Schicht der Serviette abziehen. Zitronen grob ausschneiden, nur an den Stielen genau am Rand ausschneiden. Zitronen auf Windradfolie in Servietten-Technik aufkleben (Anleitung Seite 5).

2 Nach dem Trocknen das Motiv den Konturen entlang ausschneiden, dabei zusätzlich auch noch einen Aufhänger mit ausschneiden (siehe Vorlage 6). Den Aufhänger an der markierten Linie anschneiden und ein Loch ausschneiden.

3 Je zwei Zitronen um ein Lämpchen klemmen. Windradfolie mit etwas Klebstoff am Lämpchen fixieren, bis zum Trocknen mit einer Wäscheklammer fixieren.

Ornamente in Blau & Rosé

Abbildung & Materialangaben Seite 28/29

Mit Window Color pro Glas sieben Wellenstreifen und 16 bis 25 Tropfen arbeiten (Anleitung Seite 4, Vorlage 5). Nach dem Trocknen Streifen so auf das Glas drücken, dass sie die obere Kante des Glases gerade umfassen. Tropfen dazwischen aufdrücken. Kerzen in die Gläser setzen.

PFLANZENSTECKER

MATERIAL

- 3 galvanisierte Töpfchen mit Loch, 7 x 7 x 9 cm
- Schmuckdraht in Rosa, Hellgrün, Violett, 0,5 mm Ø
- Pro Blume 12 Facettenperlen in Rosa, Hellgrün, Onyx irisierend, 6 mm Ø
- Pro Blume 4 Metallblüten mit Strassstein in Rosa, Hellgrün, Violett, 3 cm Ø
- Moosgummi in Rosa, Grün, Lila
- Gewindestangen, 8 mm Ø:
  - 2 x 50 cm
  - 1 x 60 cm
- 6 Muttern und Unterlegscheiben
- Sand, Perlen oder Deko-Eissteine in Rosa, Hellgrün, Violett, je 250 gr.
- Metallprägefolie in Silber, extra stark, 35 x 50 cm
- Klebeband
- Heißkleber
- Alleskleber

VORLAGE 7 Seite 58, 59

Metall-Blumen

1 Pro Blume 1 m Draht abschneiden und 12 Perlen auffädeln. Drahtanfang über den Rand des Töpfchens nach innen knicken, mit Heißkleber fixieren. Draht um das Töpfchen wickeln, auch diagonal über die Ecken, dabei auf jede Seite immer eine Perle schieben. Drahtende wieder über den Rand knicken und innen festkleben.

2 Von den Metallblüten auf einer Seite mit einem Messer vorsichtig die Holzblüte ablösen. Metallblüte auf einen farblich abgestimmten Moosgummikreis (3 cm Ø) kleben, diesen dann auf das Töpfchen, ebenso die abgelöste Holzblüte. Gewindestange 15 bzw. 17 cm weit durch das Loch im Boden stecken und mit Scheiben und Muttern von beiden Seiten befestigen.

3 Nach der Vorlage 7 Blüte und kleinen Innenkreis doppelt aus Metallprägefolie ausschneiden, mit einer Prickelnadel auf mehreren Lagen Zeitungspapier Muster eindrücken. Mittleren Innenkreis doppelt aus Moosgummi ausschneiden und der Abbildung entsprechend auf die Blüte kleben. Kleinen Innenkreis und Perlen ergänzen.

4 Die zwei Blüten mit Heißkleber gegeneinander um die Gewindestange kleben, mit Draht umwickeln. Perlen, Sand oder Deko-Eissteine in die Töpfe füllen. Stangenenden mit Klebestreifen umwickeln, damit sie in der Erde nicht rosten.

MATERIAL

- *Plastikkugel mit Hals:*
  - *1 x 140 mm Ø*
  - *1 x 180 mm Ø*
- *Acrylkugeln:*
  - *1 x 100 mm Ø*
  - *1 x 120 mm Ø*
- *2 Rundholzstäbe, 15 mm Ø*
- *2 Toilettenpapierrollen*
- *Strukturschnee*
- *Acrylfarben in Lemon, Orange, Karmin, Hellgrün, Hellblau*
- *Acryl-Glanzlack auf Kunstharzbasis*
- *Alu-Draht in Silber, 2 mm Ø*
- *4 Wackelaugen, 20 mm Ø*
- *Zeitungspapier*
- *Tapetenkleister*
- *Heißkleber*

VORLAGEN 8, 9 *Seite 59*

Bunte Kugelvögel

1 Plastikkugel auf den Holzstab stecken. Acrylkugel mit Heißkleber schräg oben auf die Plastikkugel kleben.

2 Für den Schnabel die Toilettenpapierrolle längs halbieren und nach der Vorlage 8 zuschneiden. Die beiden Hälften mit Heißkleber so aufeinander kleben, dass die Spitzen sich berühren. Schnäbel an die Köpfe kleben.

3 Vögel mit Papierschnipseln und Tapetenkleister überziehen, Hals dabei doppelt bekleben. Nach dem Trocknen auf Kopf und Rücken mit einem Spatel oder Messer Strukturschnee dick und unregelmäßig aufstreichen. Trocknen lassen.

4 Vögel mit Acrylfarben anmalen. Lackieren. Mit spitzer Stopfnadel oder Schere rechts und links unterhalb der Flügel je ein Loch stechen. Alu-Draht, 1 m lang, durchziehen, Enden zu Füßen biegen (Vorlage 9). Wackelaugen aufkleben.

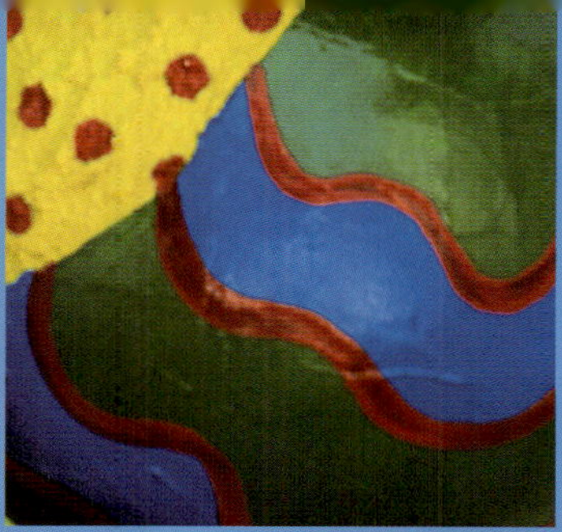

MATERIAL

- *Rebensteckteil in Natur, 35 cm*
- *5 Gänseblümchensträuße à 12 Blüten in Weiß, 10 cm*
- *Blumenbindedraht in Schwarz*
- *3 Schmetterlinge in Hellgrün, Hellblau, Blau*
- *Mini-Perlenblattgirlande, 240 cm*
- *Mini-Sturzglas, 80 ml*
- *Kerze in Blau, 5 cm*
- *Stieldraht*
- *Flüssigwachs oder Wachsplättchen*
- *Klebeband*
- *Heißkleber*

Rebenblüte

1 Zur Verstärkung des Rebenstiels einen Stieldraht hineinstecken. Blattgirlande in 40 cm lange Stücke schneiden und in die einzelnen Rebenblätter flechten.

2 Glas mit Blumenbindedraht umwickeln, mit Heißkleber Gänseblumenköpfchen darauf kleben, das Glas in die Mitte der Rebenblume kleben.

3 Mit Heißkleber Gänseblumenköpfchen auf den Blättern des Steckteils befestigen und am Schluss die Schmetterlinge aufkleben.

4 Kerze mit Flüssigwachs oder einem Wachsplättchen in das Glas stellen. Wird das Steckteil in die Erde gesteckt, Klebestreifen um den Stiel kleben, damit er nicht rostet.

MATERIAL

- *Alu-Draht in Grün, Hellblau, Dunkelblau, 2 mm Ø*
- *3 Stieldrähte oder Messingdrähte, 0,5 mm Ø, ca. 50 cm lang*
- *Edelstahldraht in Grün, 0,4 mm Ø*
- *Rundzange*

VORLAGEN 10 – 12 *Seite 60, 61*

Draht-Insekten

1 Alu-Draht nach den Vorlagen 10, 11 und 12 biegen.

2 Die flachen Spiralen, die von den Drahtenden her gebogen werden, entgegengesetzt auseinander ziehen.

3 Die äußeren, großen Windungen auseinander ziehen und deckungsgleich übereinander schieben, sodass eine Kugel- oder Zapfenform entsteht.

4 Die langen Spiralen (Hellblau) über verschieden dicke Stifte biegen.

5 Zum Anbringen der Flügel zunächst die Fühler nach vorne durch die Spirale schieben, dann die Flügelform nach unten zwischen zwei Spiralwindungen schieben. Mit Edelstahldraht an den gekennzeichneten Stellen fixieren.

6 Messingdraht zum Bogen mit Haken biegen und Insekten einhängen.

MATERIAL

- 4 Konservendosen in Silber, 4 verschiedene Größen
- Fransenkordel in Silber, 3 cm Ø, 2 m
- 2 Plexitropfen in Kristall, 10 x 40 mm
- 2 Plexikegel in Kristall, 21 x 26 mm
- 2 Herzgirlanden in Silber, je 150 cm
- Bouillondraht in Silber, 2 mm Ø, 2 m
- 6 Silberperlen
- Perlonfaden, 0,35 mm Ø

Dosen & Herzen

1 Etiketten von den Blechdosen entfernen, Klebereste abrubbeln. Mit einer spitzen Prickelnadel oder einem Nagel in die Mitte der Böden je ein Loch stechen, ebenso mehrere Löcher in die Seiten, bei der großen Dose am Rand 8 Löcher mit etwa 4 cm Abstand.

2 Den Perlonfaden durch das Mittelloch der großen Dose ziehen, auf beiden Seiten Perlen festknoten, den Faden dann immer weiter durch die nächst kleinere Dose ziehen und jeweils von innen eine Perle so festknoten, dass die Dosen etwa 7 cm, 5 cm und 4 cm auseinander hängen.

3 Der Perlonfaden hängt unten etwa 15 cm heraus. Daran eine Perle knoten und zwei Herzen aus der Girlande gegeneinander um den Faden kleben. Bouillondraht gedehnt um jede Dose wickeln, Anfang und Ende miteinander verdrehen.

4 In die Randlöcher der großen Dose 45 cm lange Herzgirlanden- bzw. Fransenkordelstücke einknoten. Unten in die Fransenkordelenden Plexitropen und -kegel knoten.

MATERIAL

- 3 Windradfolien, 33 x 46 cm
- Metallring, 20 cm Ø
- Perlonfaden, 0,15 mm, 0,35 mm Ø

WINDOW COLOR

Konturen

- Blau, transparent

Farben

- Crystal
- Ocean
- Türkis
- Saphir
- Himmelblau
- Orientblau
- Samtblau

VORLAGE 13 *Seite 62*

Blaue Ringe

1 Nach der Vorlage 13 Kreise und Ringe mit Konturenfarbe auf Windradfolie arbeiten, nach dem Trocknen ausmalen (Anleitung Seite 4).

2 Nach 24 Stunden ausschneiden und mit einer spitzen Prickelnadel an den markierten Stellen je zwei Löcher durch die Scheiben stechen.

3 Je 7 Scheiben im Abstand von etwa 2,5 cm nebeneinander legen und einen 80 cm langen Perlonfaden, 0,15 mm Ø, durchziehen. Faden an der untersten und an der obersten Scheibe festknoten.

4 Von der Rückseite auf Löcher und Fäden je einen Tropfen Window Color Crystal geben. So 6 Bänder arbeiten. Nach dem Trocknen diese am Metallring aufhängen. Als Aufhängung 3 Perlonfäden, 0,35 mm Ø, am Metallring befestigen.

MATERIAL

- Holzaufhänge-Sets für Klangstäbe:
  - 1 x 4,5 cm Ø
  - 1 x 5,5 cm Ø
  - 1 x 7 cm Ø
- Klangstäbe:
  - 1 x 6 cm in Grün
  - 1 x 8 cm in Blau
  - 1 x 14 cm in Rot
- Bastelfarbe in Metallic-Rot, Metallic-Grün, Metallic-Blau
- Perlonfaden, 0,25 mm, 0,35 mm Ø
- Je 2 Perlen in Rot, Grün, Blau
- 88 Spiegelmosaiksteinchen, 1 cm
- Glassteine, 1 cm Ø:
  - 40 in Rot
  - 28 in Grün
  - 32 in Blau

Klangspiele

1 Holzaufhänge-Sets mit Bastelfarbe anmalen: das kleine Set in Grün, das mittlere Set in Blau, das große Set in Rot. Nach dem Trocknen Klangstäbe daran knoten.

2 Klangscheibe mit einer Perle auf der richtigen Höhe festknoten, diesen Faden, auch mit einer Perle, auf der Hängescheibe festknoten. Hänge-Sets mit starkem Perlonfaden aufhängen.

3 Glassteine und Spiegelsteine in einer Reihe immer abwechselnd, im Abstand von etwa 3 cm nebeneinander legen, einen Tropfen Klebstoff darauf geben, einen Perlonfaden darauf legen und jeweils einen zweiten Stein deckungsgleich aufkleben.

4 Für das rote Set 2 Schnüre mit 12 Steinen und 2 mit 8 Steinen anfertigen. Für das blaue Set 2 Schnüre mit 9 Steinen und 2 mit 6 Steinen herstellen. Für das grüne Set 2 Schnüre mit 5 Steinen und 2 mit 7 Steinen arbeiten.

5 Nach dem Trocknen die Schnüre von oben in die Aufhängelöcher der Hängescheibe knoten. Perlonfaden mit einem Tropfen Klebstoff sichern.

MATERIAL

- 2 Perlenstränge „Herz" in Kristall, je 4 m
- Glasperlenstrang in Kristall, 2 m
- Perlenstrang „Stern" in Kristall, 2 m
- Metall-Kugeln:
  - 1 x 8 cm Ø in Gold
  - 1 x 8 cm Ø in Silber
  - 2 x 6 cm Ø in Gold
  - 1 x 6 cm Ø in Silber
- Metall-Facettentropfen in Gold, 15 cm
- 3 Facettentropfen in Kristall, 21 x 26 mm
- 3 Sternenstrahlringe, 15 cm Ø
- Perlonfaden, 0,25 mm Ø
- Henkel eines Eimers
- 2 Teelichter

Filigrane Kugeln

1 Herz-Perlenstränge halbieren. Metall-Kugeln und den Metall-Facettentropfen mit je einem Strang umwinden, dabei die Perlen, Herzen und Sterne um die Metallstreben wickeln. Henkel mit einem Perlonfaden in der Mitte aufhängen.

2 Die Kugeln, Facettentropfen und Sternenstrahlringe der Abbildung entsprechend mit Perlonfaden an den Henkel knoten. Glas-Facettentropfen in die Sternenringe hängen.

3 Fäden am Henkel und alle Knoten an den Fäden mit je einem Tropfen Klebstoff fixieren. An den großen Kugeln je zwei Streben etwas auseinander biegen, Teelicht durchstecken und zurückbiegen.

MATERIAL

- *Bastelkarton in Gelb, Orange, Rot*
- *Strohseidenpapier in Weiß, DIN A3*
- *Bastelfarben in Gelb, Orange, Hellrot, Rot, Pink, Violett*
- *Pluster-Pen in Glitzer-Gelb, Glitzer-Pink, Glitzer-Rot, Metallic-Pink, Metallic-Rot, Metallic-Lila*
- *Papierlampions in Weiß, 9 cm Ø*
- *Tischlampe aus Reispapier, 30 cm hoch*
- *Schnapsgläser, 8 cm hoch, 5 cm Ø*
- *Kerzen in Orange, 25 cm*
- *Wachsplättchen*
- *Haarpinsel*

VORLAGE 14 *Seite 61*

Farbiges Papier

Serviettenhalter & Tischkarten

1 Strohseide quer in Streifen mit stark verdünnter Bastelfarbe bemalen, Farbgrenzen mit dem feuchten Pinsel übermalen, so entstehen fließende Farbübergänge. Aus Bastelkarton einen Streifen, 4 x 19 cm, und die Tischkarte (Vorlage 14) zuschneiden. Streifen zum Ring kleben, dabei 5 cm überstehen lassen. Tischkarte an den markierten Stellen falzen. Von der bemalten Strohseide quer zur Malrichtung einen 4 cm breiten Streifen abschneiden und im Zickzack 1 cm breit falten.

2 Für die Tischkarte einen 5 cm breiten Streifen ebenso falten. Gefaltete Streifen an einer Seite mit Klebstoff bestreichen, sodass sich nachher nur die andere Seite auffächern lässt. Fächer auf das abstehende Ende des Rings bzw. zwischen die Tischkartenhälften kleben. Mit Pluster-Pen Namen und Muster aufmalen.

Kerzenhalter & Tischlampe

Den Boden eines Lampions herausschneiden, bis auf einen Rand von 1,5 cm. Den Lampion über eine schmale Flasche ziehen und unregelmäßig auffächern. Mit verdünnten Bastelfarben bemalen. Nach dem Trocknen in den Deckel ein Loch, 4 cm Ø, schneiden, aus Bastelkarton einen Ring mit 2 cm breitem Rand passend darauf kleben und mit Pluster-Pen verzieren. Von unten ein Schnapsglas unter den Ring kleben. Lampion über das Glas ziehen. Kerze mit Wachsplättchen in das Glas drücken. Die Tischlampe wie oben beschrieben bemalen. Nach dem Trocknen mit dem Pluster-Pen Muster aufmalen.

WILLY
MAJA

MATERIAL

- 6 Kugelvasen, 7 cm Ø
- Grasmatte, 24,6 x 24,6 cm
- 6 Blüten, 5 – 6 cm Ø

Kugelvasen

Künstliche oder echte Blüten von den Stielen trennen und in die Gläser setzen. Bei echten Blüten die Gläser vorher zur Hälfte mit Wasser füllen. Gläser in das Gras setzen.

Bunte Klammern

Abbildung & Materialangaben Seite 52/53

1 Für die Serviettenringe Streifen aus Bastelkarton (Vorlage 15) zuschneiden, eine Seite mit der Wellenschere wellig schneiden, rollen und mit einer Wäscheklammer zusammenhalten. Mit einem dünnen Bastfaden umwickeln, verknoten. Holzstreuteilchen aufkleben.

2 Für die Gläser und die Kerzen-Glasschale zwei 3 – 5 cm lange Streifen aus Bastelkarton zuschneiden, die einmal um das entsprechende Glas passen und 2 cm überlappen. Eine Seite wellig schneiden. Streifen um das Glas legen, überstehende Enden nach außen knicken, etwas Klebstoff dazwischen geben und eine Wäscheklammer daran klemmen. Glas mit einem Bastfaden umwickeln, diesen verknoten. Holzstreuteilchen aufkleben.

3 Die Tischkarten nach der Vorlage 16 aus Bastelkarton zuschneiden, eine Seite wellig schneiden. Zwei Klammern als Ständer anklemmen, je einen dünnen Bastfaden um die Karten wickeln. Holzstreuteilchen aufkleben. Namen auf die Karten schreiben.

Bunte Klammern

MATERIAL

- *Trinkgläser, hoch und schmal*
- *Dessert-Glasschale*
- *Wäscheklammern in Gelb, Orange, Rot, Hellblau, Hellgrün, Grün*
- *Bastelkarton in Gelb, Orange, Rot, Hellblau, Hellgrün, Grün*
- *Holzstreuteilchen in Gelb-, Rot-, Blau-, Grün-Tönen*
- *Naturbast in Gelb, Rot, Blau, Grün*
- *Servietten in Rot, Blau*
- *Mini-Schwimmkerzen in Rot*
- *Wellenschere*

VORLAGEN 15, 16 *Seiten 61, 63*

ANLEITUNG *Seite 50*

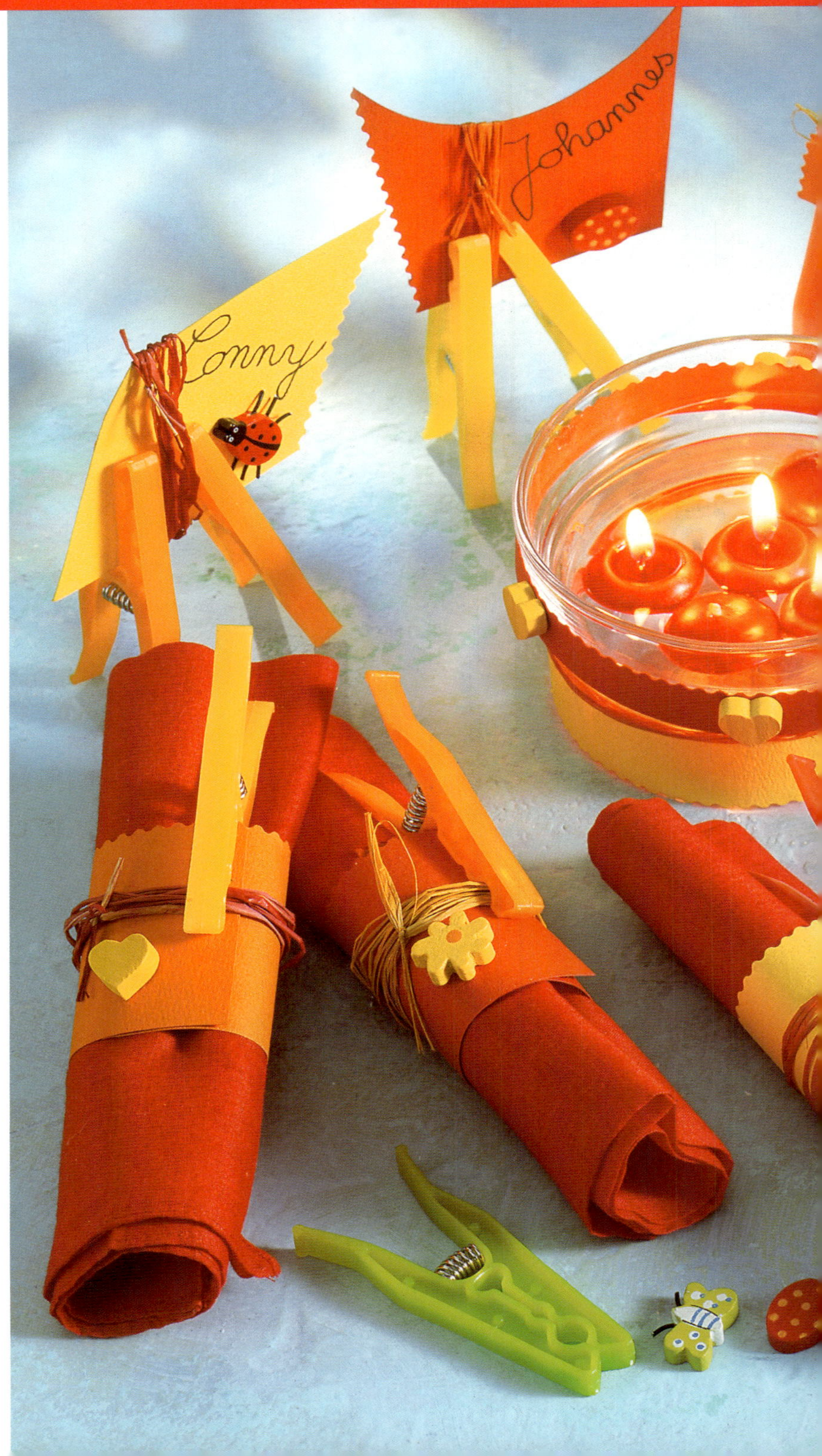

Elisabeth
Heiner
Anna

MATERIAL

- Fliegenschutz-Haube aus Metall in Grün
- 3 Gänseblümchensträuße mit je 12 Blüten
- 7 Holzmarienkäfer, 2 cm
- Heißkleber

Fliegenschutz-Haube

1 Gänseblümchenstiele von außen durch das Gitter stecken, einen Draht daneben wieder zurück fädeln.

2 Die Gänseblümchenstiele einige Male um den Ansatz wickeln und wieder nach innen stecken.

3 Stielenden auf 0,5 cm zurück schneiden, umbiegen und mit einem Tropfen Heißkleber fixieren.

4 Holzmarienkäfer mit Heißkleber auf der Fliegenschutz-Haube befestigen.

VORLAGEN

1

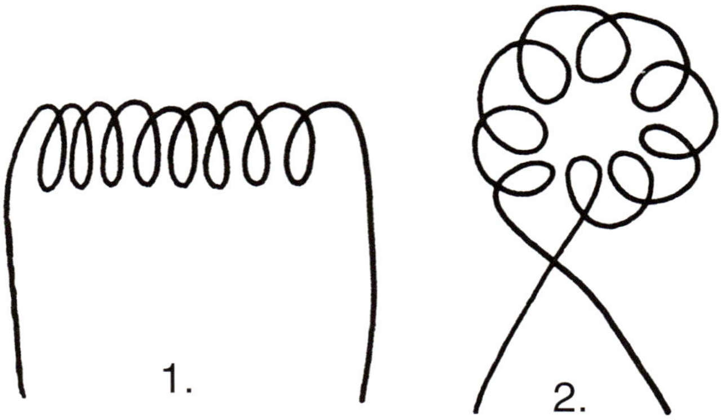

5

3

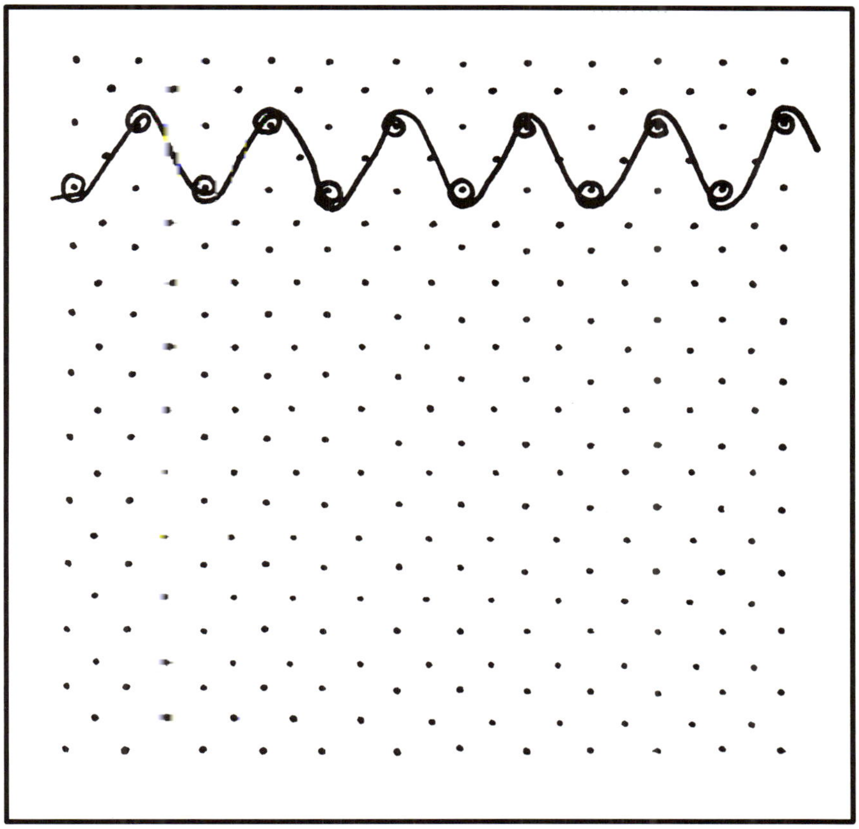

2

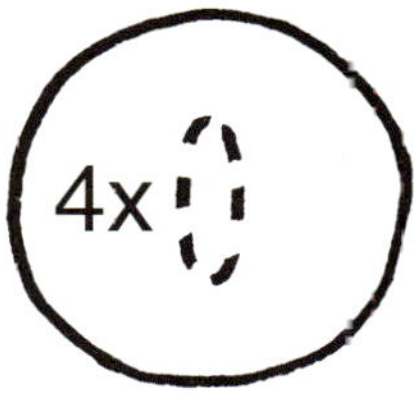

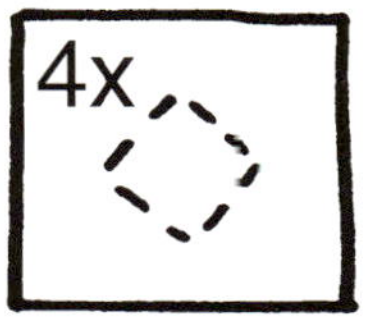

4

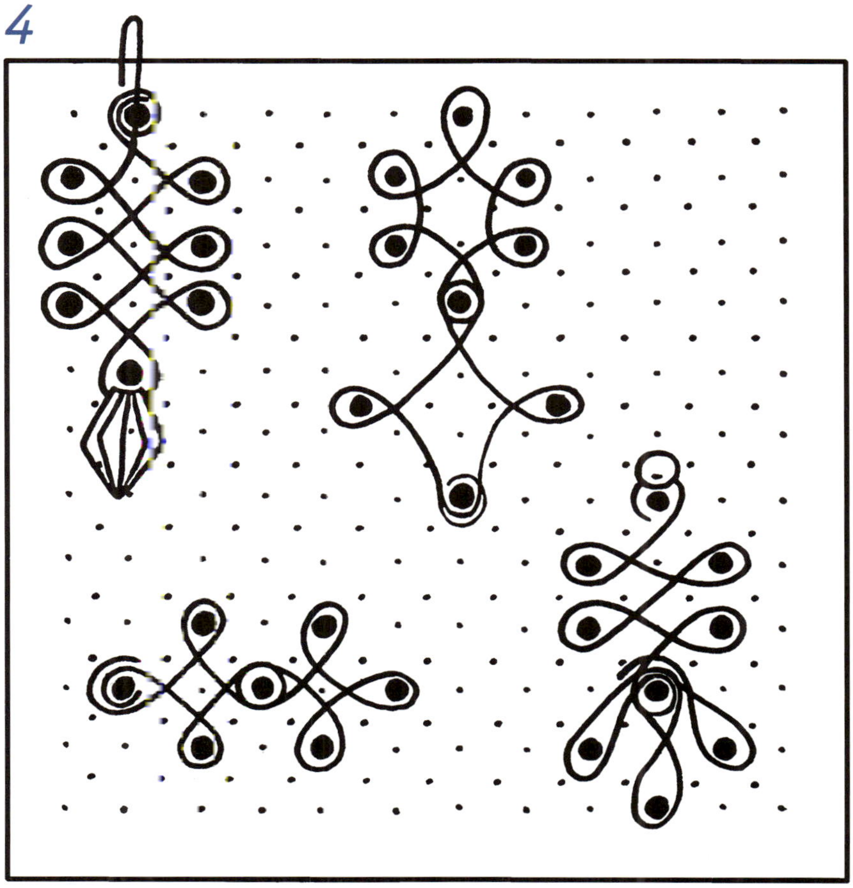

6

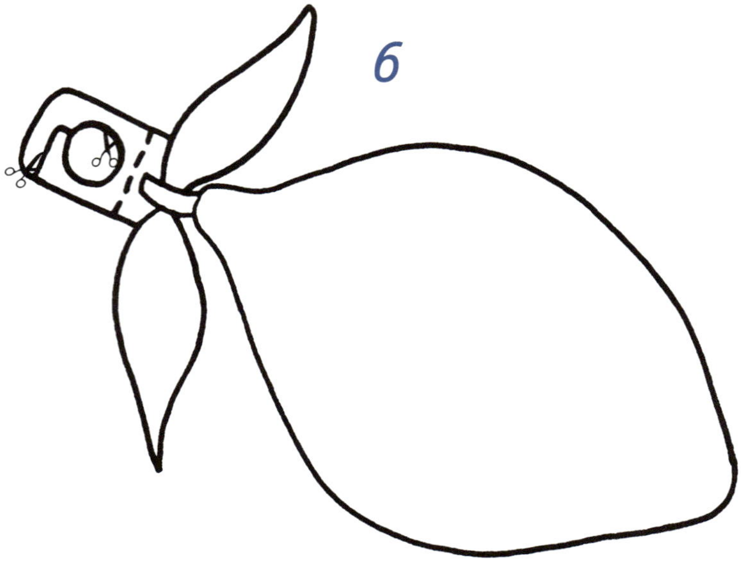

7

7

8

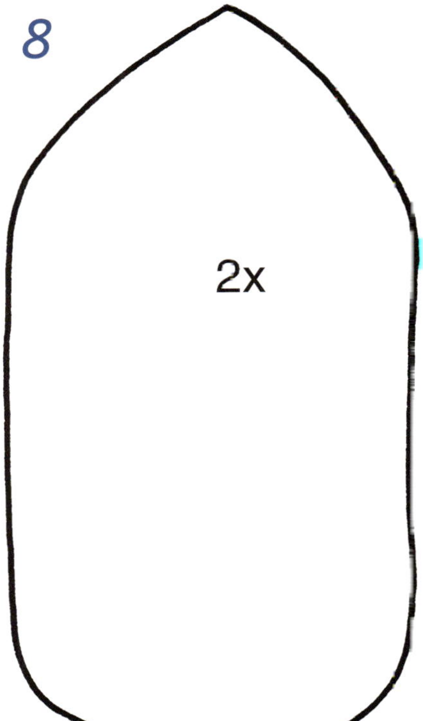

9

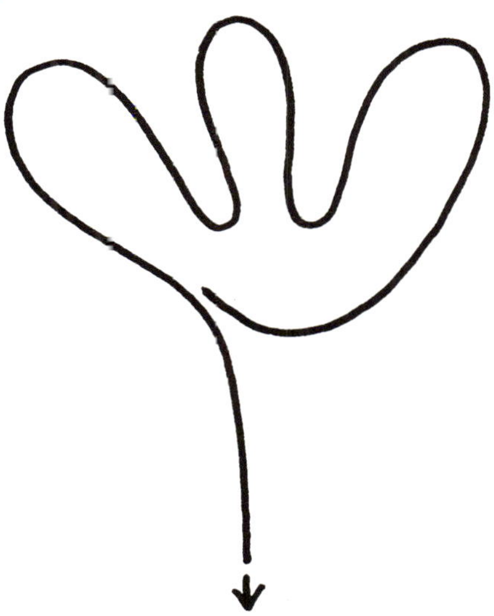

10

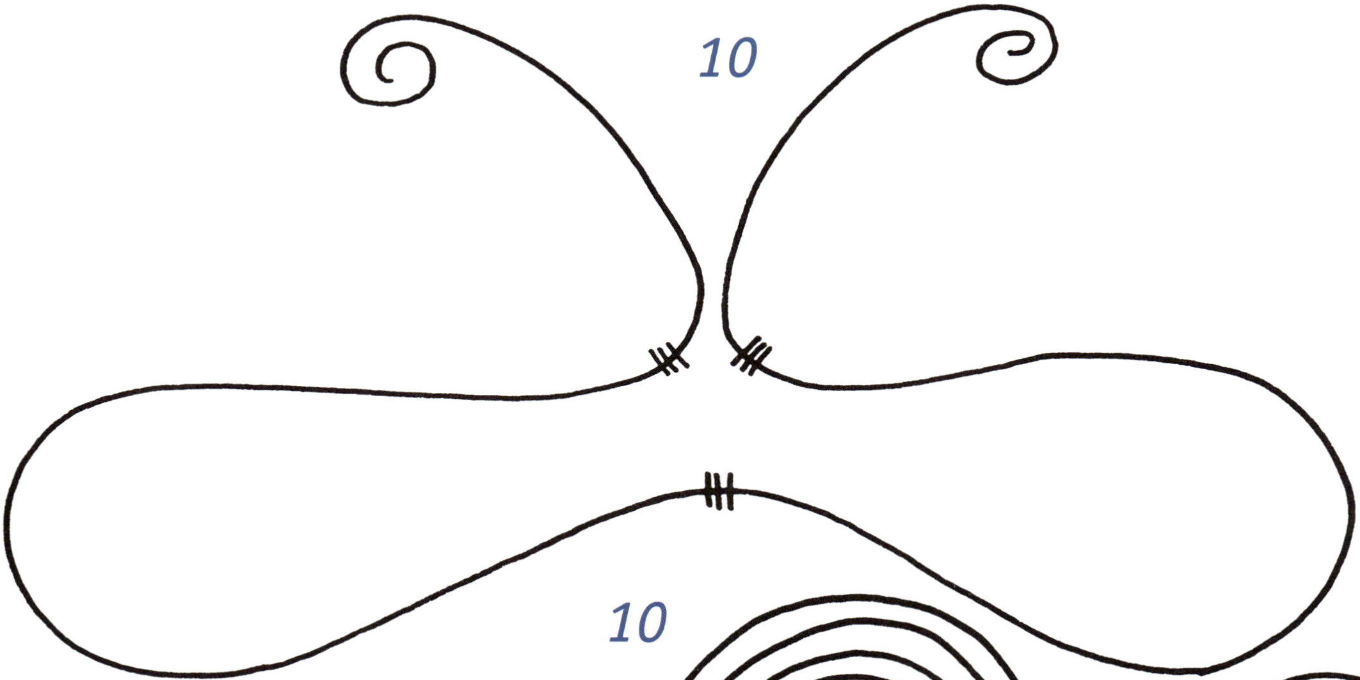

10

Drahtlänge 100 cm

11

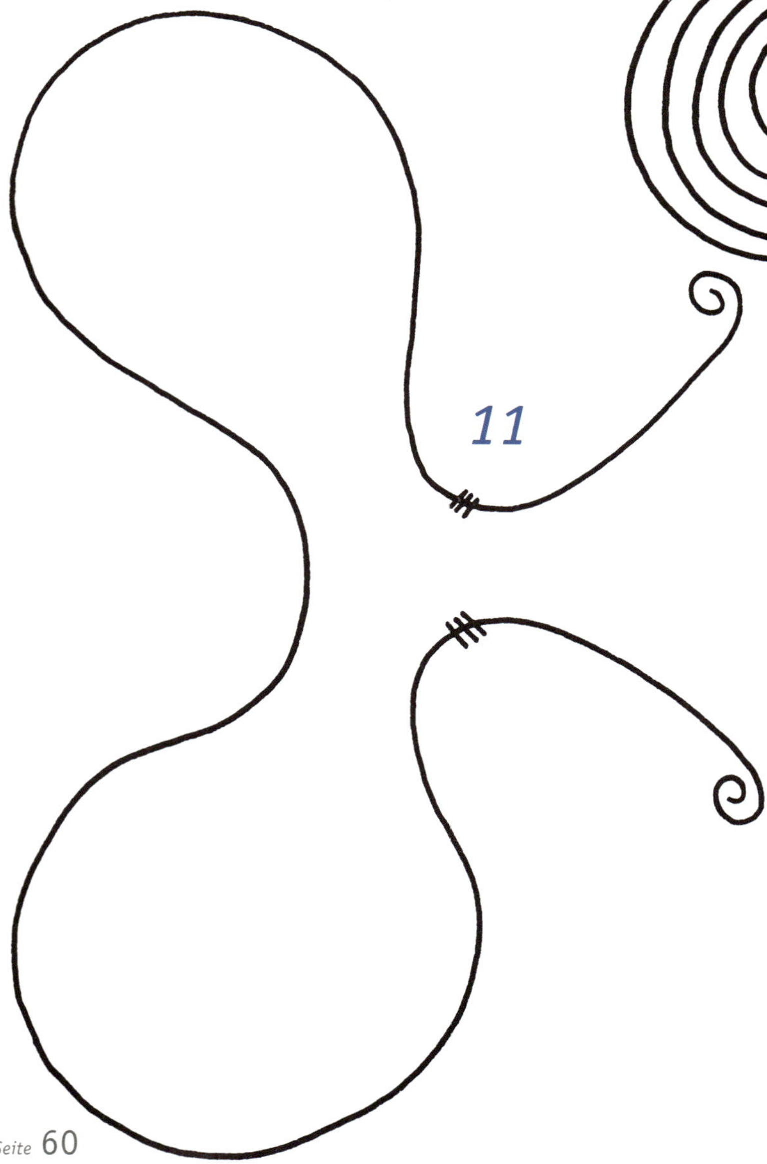

11

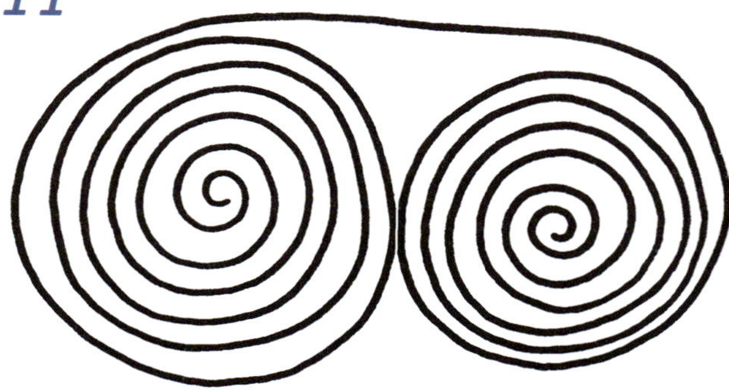

Drahtlänge 120 cm

12

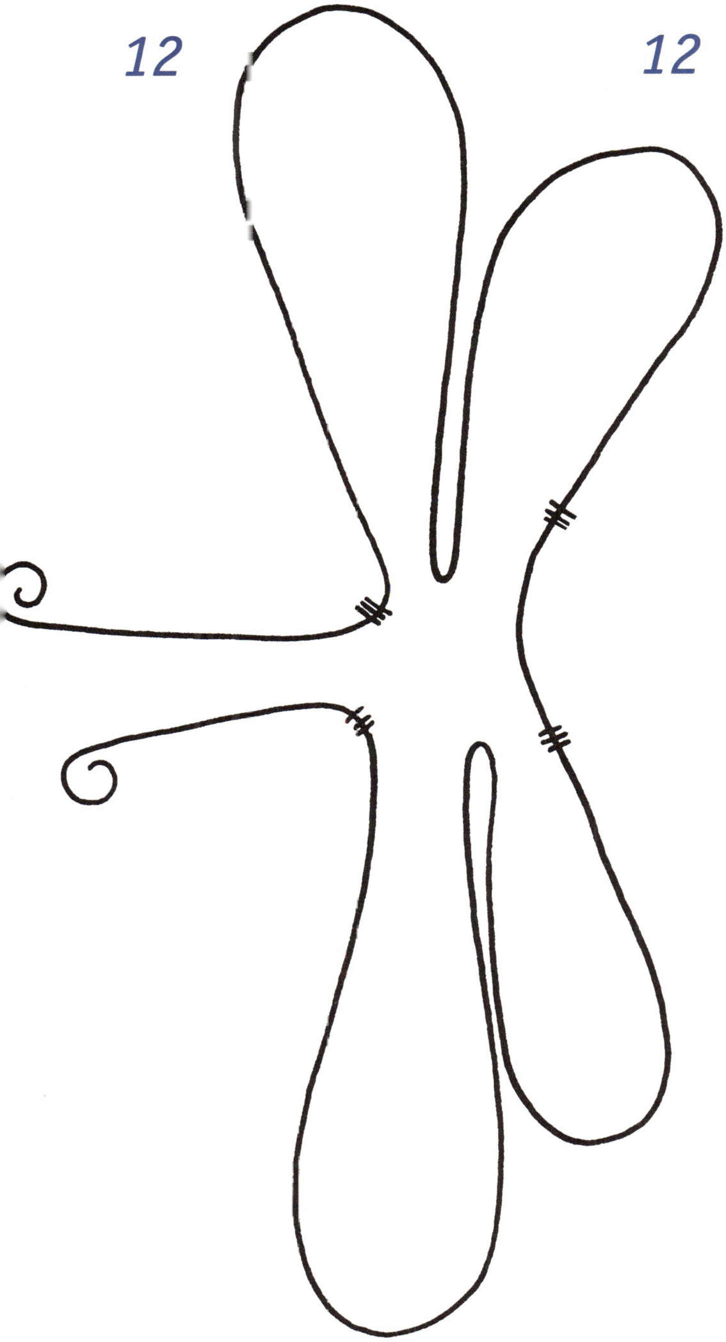

12

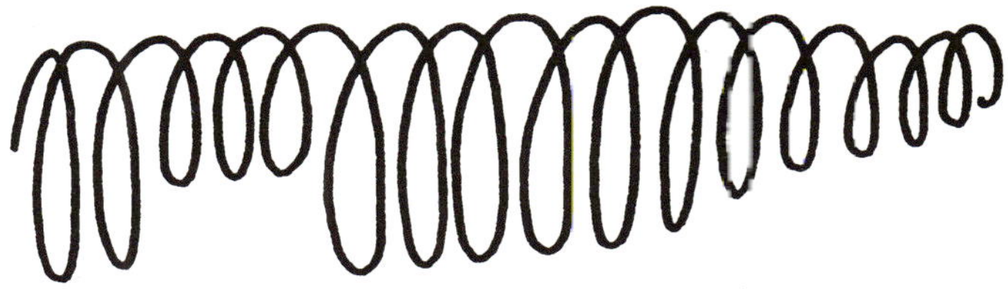

Drahtlänge 70 cm

14

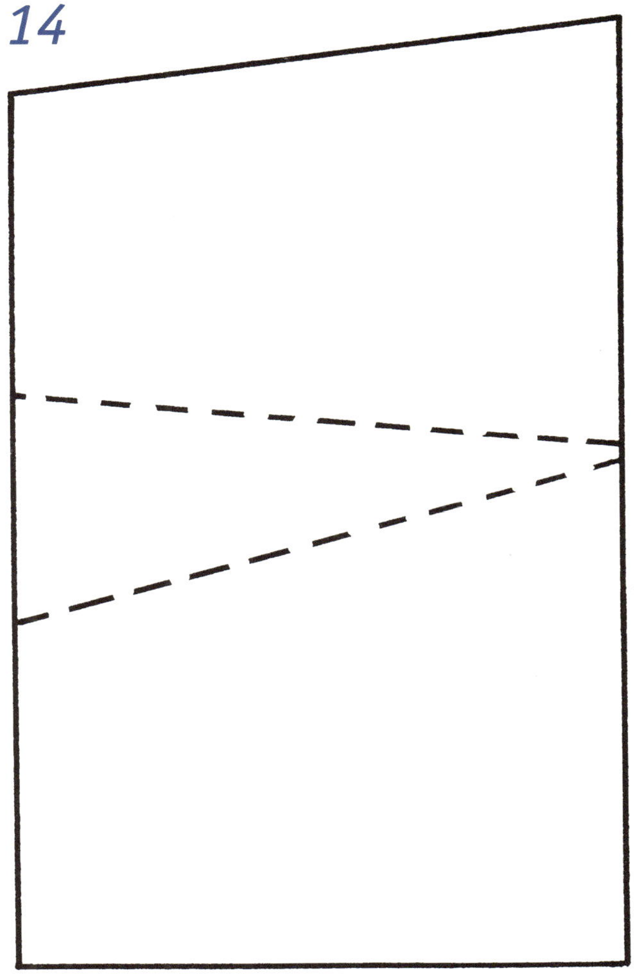

15

13

16

Weitere Titel aus dieser *CHRISTOPHORUS-Reihe*

IMPRESSUM

Christophorus-Verlag GmbH
Freiburg im Breisgau

Printed in Germany
ISBN 3-419-53255-5

Lektorat:
Gisa Windhüfel, Freiburg

Styling und Fotos:
Roland Krieg, Waldkirch

Layoutentwurf:
Network!, München

Gesamtproduktion:
Carsten Schorn, Merzhausen

Druck:
Himmer, Augsburg

Wir sind für Sie da, wenn Sie Fragen haben. Und wir interessieren uns für Ihre eigenen Ideen und Anregungen. Schreiben Sie uns, wir hören gerne von Ihnen!
Ihr Christophorus-Team

Christophorus-Verlag GmbH
Hermann-Herder-Str. 4
79104 Freiburg
Tel. 0761/27 17 - 0
Fax 0761/27 17 - 352
oder e-mail:
info@christophorus-verlag.de
www.christophorus-verlag.de

3-419-53252-0

3-419-53253-9

3-419-53254-7

CHRISTOPHORUS